AF338367

CROQUIS

HISTORIQUE

TOUCHANT L'ÉPOQUE ACTUELLE.

IMPRIMERIE D'HIPPOLYTE TILLIARD,
RUE DE LA HARPE, Nº 88.

CROQUIS

HISTORIQUE

Touchant l'époque actuelle.

PAR

Joseph Lejour (de Prangey),

OFFICIER DE LA GRANDE-ARMÉE, ÉMIGRÉ EN 1823.

Les immortelles barricades sont connues,
sont appréciées par les peuples : bientôt
il n'y aura plus de tyrans !!!!

LEJOUR.

PREMIÈRE ÉDITION.

Prix : 2 fr.

PARIS.

CHEZ L'AUTEUR,

RUE DE LA PAIX, N° 13.

2 septembre 1830.

A

Mes héroïques compagnons d'armes d'émigration.

MESSIEURS,

Pour honorer la mémoire des braves morts pour notre liberté, dans nos trois glorieuses journées; pour rendre hommage aux invincibles Parisiens, et aux courageux étrangers qui ont combattu nos oppresseurs, ma plume vient de tracer quelques lignes pour les transmettre aux historiens de notre glorieuse révolution.

Admirateur passionné de votre belle conduite militaire qui, en vous honorant, honore la France, ma satisfaction sera parfaite si, en les lisant, elles vous font autant de plaisir que j'en éprouve moi-même à les écrire. C'est particulièrement à vous que je les offre.

Agréez,
           Messieurs,
    L'assurance de la parfaite estime que votre courage et votre patriotisme ont fait naître en mon cœur,

LEJOUR,
Officier retiré.

CROQUIS

HISTORIQUE

TOUCHANT L'ÉPOQUE ACTUELLE.

PREMIÈRE PARTIE.

Français ! ! !

Élevons des monuments aux martyrs de notre glorieuse révolution ; couronnons-les de fleurs ; chantons les hauts-faits de ces modernes héros que le sort des armes a fait tomber à nos côtés, et dont le sang rejailli sur nous semblait crier vengeance ! ! !

Nous ne les avons que trop vengés peut-être, puisque chaque coup se dirigeait sur nos fenêtres, et nous avons vu se réaliser l'allusion de la fable de Saturne qui dévore ses propres enfants.

Mais la cause sacrée de la liberté devait triompher ; nos tyrans, nos oppresseurs qui sont devenus nos assassins, devaient être humiliés en nous voyant secouer le joug que leur aveugle fureur voulait nous imposer : et nous les avons forcés, tout en admirant notre courage, de rendre grâce à notre générosité.

Cessons donc de gémir sur notre victoire, que la postérité rendra mémorable à jamais : la gloire nous sourit, les peuples nous entendent, nous comprennent, l'Europe entière nous admire et nous vante : l'immortalité nous attend.

Élevons donc des monuments à nos illustres frères qui ont été trahis par leur valeur, et qu'un noble sentiment (l'amour de la patrie) excitait au carnage ; qu'ils vivent dans nos cœurs par le souvenir de leurs belles actions ; qu'ils vivent pour leurs parents dont ils font la gloire ; qu'ils vivent pour la patrie pour la liberté de laquelle ils se sont dévoués si généreusement ; et n'oublions pas qu'honorer la cendre des braves morts pour la liberté, c'est lui donner une consistance que rien ne pourrait ébranler ; c'est fomenter dans nos cœurs ce feu qu'excitait en nous la vengeance ; c'est encourager les races futures à maintenir cette précieuse liberté ; c'est la rendre à jamais durable en la cimentant du sang des malheureuses victimes de notre révolution.

Si de tout temps il fut en usage, chez tous les peuples, d'élever des arcs de triomphe, d'ériger des statues en mémoire de ces hommes

qui n'ambitionnaient que le titre de conqué-
rants, à plus forte raison que ne devons-nous
pas à ces généreux citoyens, qui ont rougi la
terre de leur sang dans ces fameuses journées
des 27, 28 et 29 juillet 1830.

A Dieu ne plaise, infortunés amis, qu'un
pareil oubli obscurcisse votre gloire; vous avez
acquis trop de droits à notre éternelle reconnaissance, pour que le souvenir de vos hauts-
faits ne reste toujours gravé dans le fond de nos
cœurs; et, quant à nous, nous sommes trop
fiers de vous devoir notre liberté pour que
nous ne nous empressions de vous marquer
(par des monuments élevés en votre nom) les
témoignages les plus sincères de la plus vive
gratitude.

Hâtons-nous donc : que notre capitale (le
rendez-vous de l'Univers) se transforme en
une Jérusalem nouvelle! que des obélisques
s'élèvent de toutes parts; c'est un juste tribut
à rendre au courage malheureux.

Mais si nos illustres victimes des 27, 28 et
29 juillet, qui ont si bien mérité de la patrie,
ont droit à notre reconnaissance, et exigent de
nous que nous rendions leurs noms immortels,
oublierons-nous, Français, ces autres victimes
d'un même dévouement et d'un courage aussi

héroïque, que des ministres aussi lâches que perfides ont livrés à la hache du bourreau? Berton, cet intrépide guerrier dont le souvenir excite les regrets, Bories et ses amis avaient tenté, il y a sept ans, de nous rendre à la liberté ; mais leurs efforts ont été superflus, et pour prix de leur zèle pour une cause si sainte, ils ont payé de leur vie une entreprise aussi noble que courageuse, et dont un heureux résultat nous eût alors, aussi-bien qu'à présent, affranchi d'un si vil esclavage.

Oublierons-nous Ney, ce grand capitaine, qui, semblable à Condé, avait l'œil de l'aigle et le cœur d'un lion? Ah ! pourquoi faut-il que ces trois généreux étrangers, qui nous ont rendu le vertueux de Lavalette, n'aient pu nous conserver ce guerrier magnanime !

Wilson, Bruce, Hutchinson, vos noms sont gravés dans les cœurs français, par la reconnaissance, et ils seront, n'en doutez pas, l'objet du respect de leurs neveux. Des opinions diverses, il est vrai, furent émises sur cet infortuné guerrier, mais sa mort prouve qu'il n'eut tort qu'aux yeux de nos oppresseurs. Le sang-froid de ce héros ne l'abandonna pas dans ses derniers moments; ce fut lui qui commanda le feu de peloton qui devait l'arracher à la vie, sans cependant lui ravir l'honneur. On ne meurt de la sorte qu'avec une conscience pure et exempte de remords. Il y en a, en matière de révolution, qui touchent de si près au royaume des morts, qu'ils ne tiennent que par un fil à celui des vivants, si je puis parler de la sorte ; de ce nombre est quantité d'émigrés qui, en 1823, arborèrent nos nobles couleurs sur les frontières d'Espagne. C'est à cette époque que l'armée française donna un démenti formel à 1792, de glorieuse mémoire, où nos belliqueuses légions firent pâlir les tyrans des peuples, où la noblesse hautaine et le fanatisme dangereux furent réprimés dans de justes limites.

Cette leçon du passé ne doit point être mise à l'index : bien loin de ma pensée le moindre outrage à l'humanité ! les temps ont changé, et nos mœurs ont subi des améliorations sensibles. Ainsi, *guerre aux châteaux et respect aux chaumières*, n'est plus désormais la devise des vrais patriotes qui condamnent les excès.

Que l'ordre remplace le désordre, que la timidité se change en courage, sans oublier les judicieux avis que nos brillants publicistes indiquent journellement, avec tant de raison, à l'autorité dépositaire de notre bonheur commun. Mais je reviens au but que je me suis proposé.

Sans doute, ces malheureuses victimes d'une liberté qu'ils nous ont acquise au prix de leur sang, méritent que des monuments soient élevés en mémoire de leur courage et de leur dévouement pour la patrie; mais n'oublions pas, citoyens, l'illustre Caron, victime de la plus noire perfidie ; Labédoyère, ce premier martyr de la liberté, qui sut unir la bravoure aux talents, l'énergie à la douceur et au désintéressement; Mouton-Duvernet, dont le nom se lie partout à nos plus beaux faits d'armes ; ainsi que ceux qui tombèrent sous les coups de l'ennemi sur les rives de la Bidassoa, en 1823, à côté des Fabvier, des Caron, des Fouret et de mon digne ami Moreau qui chanta la Marseillaise de concert avec ces Messieurs, sous le feu roulant du canon et de la mousquetterie, que commandait le général Valin. On doit le même souvenir à mes braves compagnons d'armes qui acquirent une gloire immortelle sur les champs de bataille de Llers et de Llado. La valeur de ces illustres guerriers fut telle que les ennemis regardaient avec un silence respectueux leurs tristes dépouilles.

Soit dit en passant, je retranche de ces soldats, qui surent donner des regrets à ces braves, ces factieux, commandés par le baron
d'Eroles, qui volaient la plupart du temps au
cri de vive Ferdinand, prétendant défendre
leur religion, que personne n'attaquait. Ces
lâches hypocrites insultaient au malheur de
ces émigrés à qui le sort des armes avait été
contraire.

Pour ne point faire souffrir la modestie bien
connue d'ailleurs *de certains* jeunes officiers,
je m'abstiendrai de les nommer ; mais le soin
que je prends sera superflu : on me devinera ;
ils approchent de trop près l'objet de l'admi-
ration des Français, et (pour me servir de
l'expression de l'auteur d'Atala, appliquée à
l'intéressant *Victor* Hugo) je dirai que le génie a deviné le génie.

Je le sais, différentes propositions de monument, postérieures à celles que j'ai soumises
au Courrier Français, au National, viennent
d'être faites. J'aime à trouver, dans M. le Sé-
néchal, cette analogie de sentiments, qu'il
manifeste dans son écrit patriotique, intitulé
le vœu d'un Français ; je vois, avec plaisir,
qu'il est plusieurs personnes qui pensent
comme moi à ce sujet.

Comme eux, je le pense, et l'ai déjà fait connaître, nous devons à la reconnaissance, à l'amitié, d'élever un monument au brave général Lafayette; et on devrait, ce me semble, le disposer de telle sorte, que ce généreux défenseur de la liberté, cet ami du peuple, fût comme en famille. Voici, par exemple, celui que j'ai imaginé, et qui, selon moi, tiendrait lieu de plusieurs. Je ne crois pouvoir mieux faire que de consigner ici les copies des deux lettres que j'ai adressées, l'une au Courrier Français, et l'autre au National.

Copie de ma Lettre au National.

« Brillants et courageux publicistes que j'admire, permettez-moi de vous communiquer les réflexions ci-après, et de vous prier de les développer dans votre journal, si comme moi, vous pensez qu'elles soient de nature à immortaliser nos trois jours de combat, de triomphe et de gloire, et de prouver physiquement qu'il n'est rien que ne puissent faire les peuples indignés contre leurs oppresseurs.

« Je pense que, pour rendre convenablement hommage aux braves Parisiens qui se sont signalés pendant ces trois mémorables journées,

il ferait bien d'employer le bronze, que, par
leur valeur et leur courage intrépide, ils ont
enlevé aux monstres qui ont, de sang-froid,
versé le sang de leurs frères, et d'en faire un
monument glorieux pour les siècles futurs,
avec une inscription dans ce genre :

LES PATRIOTES PARISIENS, PRESQUE SANS ARMES,

ONT ENLEVÉ CE BRONZE AUX TYRANS

DU PEUPLE FRANÇAIS.

« C'est particulièrement aux soins de l'estimable Carrel que s'adresse ma missive, ainsi
qu'à ceux du digne Barbaroux, qui m'ouvrit sa
maison en 1823, de même qu'à mon ancien
ami Raynaud, lorsqu'il y avait tout à craindre
du gouvernement en nous accueillant. Nous
venions de quitter l'Espagne.

» Puissent ses talents et son patriotisme être
appréciés à leur juste valeur !

» Agréez, messieurs les rédacteurs, l'assurance de ma parfaite estime. »

LEJOUR,

Officier retiré, rue de la Paix, n° 13.

Ce 31 juillet 1830.

Copie de ma lettre à Messieurs les rédacteurs du Courrier.

« Messieurs ,

» Le monument que l'on consacre à la mémoire de nos amis, morts pour la défense de la liberté, est, selon moi, pollué par sa destination primitive. J'approuve l'idée de cette consécration qui part de l'élan des cœurs justes et reconnaissants, mais j'en combats l'effet. Du reste, le monument doit avoir un double but si l'on se borne à un seul, pour tous les héroïques citoyens qui ont combattu les oppresseurs, les assassins du peuple français.

»Le seul monument qui soit digne d'immortaliser la fougueuse audace parisienne, doit être une colonne revêtue du bronze qu'elle a enlevé à nos tyrans. Sur le sommet serait la statue du brave Lafayette, le vétéran de la liberté.

» Sur les côtés du stylobate seraient :

» 1o Le génie de la France, pleurant sur les victimes de leur dévoûment pour la patrie ;

» 2º Les deputés présentant la mémorable adresse ;

» 3º La jeunesse française écrivant, et combattant au milieu des périls ;

4º Le généreux Casimir Perrier, recevant les parlementaires au milieu des baïonnettes, rue de la Paix.

A ce moment, l'art ne rendra jamais qu'imparfaitement l'énergie qui animait les traits de cet orateur éloquent.

En cas de trahison, nous n'étions là qu'un très petit nombre de patriotes pour le sauver ou mourir avec lui.

Je termine, Messieurs, en vous priant de vouloir bien insérer ma lettre dans votre journal, que j'ai toujours regardé comme un des plus énergiques.

Agréez l'assurance de la parfaite estime que vos vertus civiques ont fait naître dans mon cœur.

LEJOUR,
Officier retiré, rue de la Paix, nº 13.

Ce 3 août 1830.

Je suis loin de croire que j'aie meilleur goût que qui que ce soit, mais si j'ai été assez heureux pour indiquer la voie à suivre, je verrai avec une bien vive satisfaction, que de plus habiles que moi la frayent.

La nécessité absolue dans laquelle on s'est trouvé d'inhumer promptement les nombreux cadavres épars sur le pavé de la capitale, n'a pas laissé aux habitants désolés de ce spectacle horrible, la possibilité de les porter au champ de repos. Les uns sont enterrés au marché des Innocents, non loin de la belle fontaine que les connaisseurs admirent; d'autres dans un coin de la terrasse de la colonnade du Louvre; et d'autres encore sont déposés dans différents endroits qui ne permettent pas, plus que les deux précédents, de recevoir un monument de quelque apparence. Il serait donc convenable d'exhumer les restes de ces infortunées victimes, pour les déposer dans l'emplacement destiné à recevoir le monument de nos regrets et de leur gloire.

En prenant à cet effet les précautions qu'exige une affaire si délicate et de si haute importance, je pense qu'on n'aurait rien à redouter des effets de l'exhalaison de tant de cadavres. Du reste, ce travail devra se faire la nuit, dans la crainte de rouvrir les plaies du cœur des patriotes, qui saignent encore.

Je regarde cette opération comme un devoir, car on ne doit pas souffrir qu'un jour les cendres de ces braves soient foulées aux pieds; ce qui arriverait immanquablement au marché des Innocents, qui est le rendez-vous de tous les approvisionnements de notre capitale.

SECONDE PARTIE.

FAITS D'ARMES.

Dans nos prés, dans nos jardins, la violette, cette aimable fleur, se plaît à fleurir à l'ombre qui la dérobe tellement à nos regards, que nous ne sommes prévenus de son existence que par le parfum qu'elle exhale, et qui la trahit. Tels sont la plupart de nos courageux défenseurs de nos libertés, qui s'efforcent de se soustraire aux louanges que leur ont méritées leurs belles actions dans ces trois mémorables journées de notre belle révolution. Mais la renommée les publie ; c'est en vain qu'ils veulent se soustraire à sa puissance.

Me prévalant du privilége heureux de transmettre leurs noms glorieux à notre équitable histoire, je vais présenter à la reconnaissance des citoyens de la liberté, les faits qui n'ont pas jusqu'alors paru dans les journaux. —C'eût été vraiment fâcheux qu'ils fussent demeurés dans l'oubli.

Le 27, un jeune commis voyageur, Charles

Mairon, à défaut d'armes, se présente chargé de pierres, dans la rue Saint-Honoré, occupée par les soldats de la Garde. Indigné de voir couler le sang français, il se précipite sur un sergent, parvient, non sans peine, à le désarmer, et abat à ses pieds quelques-uns de nos indignes adversaires. Peu de temps après, s'étant emparé d'un drapeau, il force quelques prisonniers qu'il avait faits, à le déchirer en criant *vive la Charte! vive la Liberté !*

Le 28 juillet, il revient à la charge, et plusieurs soldats suisses deviennent ses victimes. Il n'était alors qu'à trente pas de l'infâme Raguse ; il l'ajuste à plusieurs reprises, et c'est à son grand étonnement qu'il résiste à ses coups. Tout porte à croire que le traître était cuirassé.

Le 29, cet intrépide jeune homme se dirige vers l'église des Petits-Pères, se met à la tête de quelques braves pour diriger leur noble courage. Un de ses amis tombe à ses côtés, frappé du plomb mortel, en lui disant : Charles, venge moi ! le brave Mairon sent augmenter son ardeur, et son ami est vengé !!!

C'est dans ce moment que la nouvelle lui étant parvenue qu'un combat meurtrier s'en gageait rue Saint-Honoré, il y porte ses pas. En moins de rien nous perdîmes, sur un seul point, soixante hommes environ. C'est alors que je vis s'avancer par la rue Sainte-Anne, une foule de braves auxquels je criai du milieu du tumulte : Amis, je vais vous indiquer le chemin le plus court pour rejoindre les sicaires à habits rouges. De suite, montant avec moi la rue Neuve-des-Petits-Champs, nous envahissons la rue de Richelieu ; les satellites de la tyrannie fuient devant nous comme de timides agneaux, et sont forcés de chercher un refuge dans certaines maisons de la rue Saint-Honoré, principalement dans celle que tout Paris regarde en passant, faisant le coin de la rue de Rohan. En vain, des logements qui la composent, ils nous lancent une grêle de balles ; notre ardeur, loin de s'abattre, semble au contraire augmenter. Partout on rencontrait Mairon, qui ne perdait pas l'occasion de se signaler. Il entre dans une de ces maisons, tue un suisse, et passe son épée au travers du corps d'un officier de cette garde. Puis, par une grandeur d'ame qui est si naturelle aux Français, il sauve la vie à un des leurs qui avait refusé de tirer sur le peuple.

Je regrette vraiment en cette occasion d'ignorer le nom d'un jeune patriote, qui, le sabre à la main., se précipitait avec fureur sur nos meurtriers. On peut l'égaler en courage, mais il serait impossible de le surpasser. Des actions de ce genre sont à jamais mémorables, et couvrent de gloire leurs auteurs.

M. Pillu, ancien militaire, demeurant rue des Messageries, n° 27, d'un courage égal à ses forces athlétiques, ami de l'intrépide Napoléon Versigny, après une série de beaux faits d'armes, pénétra dans les caves d'une maison de la rue Sainte-Nicaise, n° 8, où il fit quatre prisonniers à qui il accorda la vie à leurs prières. Il leur fait prêter serment de ne plus se battre contre leurs frères, et de soutenir les lois protectrices de la liberté. Ce fut au péril même de sa propre vie, que M. Pillu a soustrait ces prisonniers à la fureur du peuple.

Dans ces journées mémorables, où chacun à l'envi défendait la cause commune, M. Bénard (de Meaux en Brie), professeur d'une institution du collége Bourbon, se fit remarquer dans plusieurs endroits où il y avait de la gloire à acquérir, et des périls à braver. C'est sous le feu assez bien nourri de la mousqueterie, qu'il coopéra pour beaucoup à la cons-

truction des barricades de la rue Miromesnil,
de la rue Verte, et de la place Beauveau. Il
figura honorablement à l'attaque de la caserne
de la rue Verte, qui tomba au pouvoir des amis
de la liberté au bout d'une heure et demie de
combat. Dans cette circonstance, il s'empara
du sabre d'un des plus intrépides soldats, qui
retardaient la victoire du peuple sur ce point ;
et ne se retira que lorsque les soldats qui dé-
fendaient cette caserne, se furent tous rendus.

PIERRE LONGUET, garçon marchand de vin
de la rue Taitbout, n'écoutant que son courage, se porte à l'extrémité de la rue du Helder,
où, de concert avec deux jeunes gens comme
lui, il désarme un officier supérieur des gardes
royaux, qui commandait le feu sur le boule-
vard. Dans son indignation, il brisa l'épée de
cet officier, et le força à crier vive la liberté !
C'est alors qu'en se rendant chez lui, il reçut
une balle au talon. Trois heures après, et
quoiqu'il eût le pied très enflé, on le vit, parmi
les patriotes du quartier, former les barricades
des rues Taitbout et du Helder. Des actions de
ce genre méritent, à juste titre, les éloges des
Français.

Les 27, 28 et 29 juillet, on a vu, dans nos
rangs, des étrangers de presque toutes les na-

tions. Ils semblaient représenter leurs compatriotes respectifs, qui ne parlent de nous désormais que pour vanter notre courage.

Cette fierté qui se trouve, dit-on, dans les mœurs anglaises, n'était plus qu'un noble sentiment d'émulation avec nous, qui les rendait admirables autant qu'héroïques.

Les Espagnols, ces modèles de persévérance, les Portugais, les Italiens, tous victimes du despotisme, se sont également couverts d'une gloire qui doit rejaillir sur leur pays, et y ranimer le feu sacré de la liberté. Des hommes d'un caractère semblable ne peuvent être que le présage du bonheur dans leurs patries désolées. Le Grec reconnaissant a également exercé son courage contre nos oppresseurs. Certes, des peuples qui fournissent de pareils hommes briseront d'indignes fers. Honneur, mille fois honneur à ces braves étrangers !!! Dans nos rangs, ils se sont immortalisés, et ils ont acquis des droits sacrés à notre estime et à notre reconnaissance.

Nonobstant ce qui vient d'être dit des valeureux étrangers qui ont combattu dans nos rangs, je ne résiste pas au plaisir qui m'agite de particulariser, non-seulemeut les traits de courage qui se rattachent à M. Madden, dans nos trois mémorables journées, mais d'entretenir mes lecteurs de son désintéressement, et de leur rappeler la généreuse hospitalité qu'il offrit au général Berton en 1823.

M. Madden (John Byrne) naquit à Dublin (Irlande) en 1780. Dès son extrême jeunesse, son noble caractère se prononça en faveur de la liberté de sa patrie. Les historiens ayant retracé fidèlement les traits caractéristiques des envahissements de l'autorité sur les libertés de ce peuple courageux, je me dispenserai d'entrer dans aucun des détails qui s'y rapportent, ni de parler de la part extrêmement active que M. Madden y prit, pour amener le jour du triomphe de ses concitoyens. Je me bornerai purement et simplement, je le répète, à décrire la belle conduite qu'il a tenue envers nos criminels oppresseurs, dans nos trois immortelles journées.

A l'instant que l'héroïque peuple parisien apprend l'attentat qui est dirigé contre sa liberté, M. Madden s'arme, et marche dans les endroits les plus périlleux : il laisse dans plusieurs rues qu'il traverse des marques de son génie, de son zèle et de son courage.

Là il force un serrurier à ouvrir sa boutique pour se procurer de longs morceaux de fer, pour faire dépaver dans plusieurs endroits, et barrer les rues pour empêcher la cavalerie d'y avoir accès ; ici il arrête en quelque sorte les passants, pour travailler aux barricades qu'il est indispensable d'avoir pour la défense commune des habitants du quartier Saint-Avoye, puis enfin arrive sur les boulevards. S'apercevant que la partie de ces belles promenades, qui prend de la rue du Temple jusques vers la porte Saint-Martin , est dépourvue de barricades, de suite il détermine les charpentiers et autres constitutionnels à abattre les arbres, afin de les employer à la construction des obstacles qu'il est de la dernière nécessité de posséder dans cet endroit, qui semble être le point de mire des hommes pervers qui font couler le sang de leurs frères.

Ici , comme ailleurs, M. Madden ouvre sa bourse aux ouvriers patriotes qui travaillent, au milieu des balles , à multiplier les obstacles avec un sang froid imperturbable. Ceux-ci n'acceptent que ce qu'il leur faut pour se procurer du vin et de l'eau-de-vie, puis continuent leurs précieux travaux qu'ils terminent avec une vitesse qui semble tenir du prodige.

Désormais la cavalerie ne fera plus ses charges meurtrières sur ce point ; désormais l'artillerie n'y portera plus le désordre, n'y vomira plus la mort ; désormais enfin les bras employés aux barricades vont être occupés à frapper nos coupables adversaires.

Les patriotes se portent en avant, et attaquent avec fureur les gardes royaux qui font un épouvantable carnage de nos amis ; mais nos rangs se regarnissent, et l'on venge ceux d'entre nous que le plomb assassin a atteints.

M. MADDEN, connu pour son adresse au tir de l'arme à feu, était toujours un de nos précieux combattants qui se rapprochaient le plus des Suisses sur-tout. Armé d'excellents pistolets, il punissait la témérité de ceux qui marchaient sur le point qu'il occupait. Que de fois n'a-t-on pas vu ce digne Irlandais s'exposer à une mort presque certaine, non-seulement pour attaquer l'ennemi commun, mais aussi pour venger ses braves compagnons d'armes, qui tombaient à ses côtés en criant vengeance !

Tous ces faits nous sont connus, et cela pour cause : nous avons de quoi persuader les plus incrédules s'il s'en trouve. Du reste, M. Madden porte une large et glorieuse cicatrice sur la figure, qui lui tient lieu de certificat, incontestablement vrai. Nous avons aussi, entre nos mains, de quoi les persuader tou-

chant les horribles persécutions qui furent di-
rigées contre lui, par les gens que la France
vient de repousser avec horreur de son sein :
M. Madden était coupable à leurs yeux pour
avoir donné une généreuse hospitalité à l'infortuné général Berton. N'ayant pas pu se venger de cet honorable étranger en l'envelop-
pant dans la conspiration de ce général, quatre ans après la malignité jésuitique dirigée
par Mangin, d'infâme célébrité, alors pro-
cureur du roi à Poitiers, et enfin par son
digne émule Franchet, lui suscita un procès
aussi absurde qu'atroce, qui avait pour but
de faire tomber la tête de M. Madden sur l'é-
chafaud, après l'avoir tenu au secret l'espace
de cinq mois. Ceux de mes chers concitoyens qui seront curieux de savoir ce qu'il
en est sur ce chapitre, n'auront qu'à consulter
le Constitutionnel du 27 mars 1827, le Courrier
Français du même jour, de la même année,
et enfin le n° de ce dernier journal du 2 avril
1827, ainsi que le Moniteur du 1er avril de la
susdite année.

Jean Brieu (dit Libourne), natif de Lussac,
(Gironde) compagnon Charpentier, a secondé
de tout son pouvoir la cause de la liberté.
Ami de l'estimable Menoret, dont la belle con-

duite nous est connue, comme lui il travaille aux barricades, qui peuvent servir de leçon aux tyrans ; il se dirige ensuite vers la porte St.-Martin où il reçoit un coup de feu à la main gauche. Dans la matinée du 28, ce brave avait refusé de se rendre sur la sommation qui lui en fut faite par un bon nombre de soldats qui firent feu sur lui à diverses reprises.

M. l'Ingénieur Henry Farey, rue Hauteville, n° 24, s'est particulièrement attaché à multiplier les obstacles à nos cruels ennemis, sur plusieurs points importants.

N'ayant pas d'armes au commencement de la mêlée, on a vu ce brave patriote offrir une poignée d'or, pour obtenir, du premier venu, la cession d'un fusil. Trompé dans cet espoir, il se précipita au milieu de nos adversaires, pour se procurer cette arme tant désirée.

S'il n'est pas Français, il est digne de l'être.

M. Sigfeldt, membre de la Légion d'Honneur, officier de notre vieille armée, et actuellement inspecteur du palais du Roi, faillit être victime d'une erreur occasionée par son chapeau d'uniforme, qui fit qu'on le prit pour un gendarme déguisé. C'est à ce brave officier qu'on est redevable du désarmement d'un grand nombre de gardes royaux, à qui cependant il eut la générosité de sauver la vie. Par de judicieuses observations, il dissuada quantité de patriotes, qui supposaient que des soldats de la garde étaient cachés dans l'intérieur du palais de S. M. La conduite de M. Sigfeldt est incontestablement digne d'éloges.

O vous, Conté de Levignac, écrivain spirituel, médecin savant, patriote courageux, vous, dont les rares qualités du cœur font la joie de ceux qui vous connaissent, serais-je excusable aux yeux des gens de bien, si dans cet ouvrage, je ne mettais à la connaissance publique, tout ce que votre conduite à de glorieux dans nos trois journées de triomphe.

Moins heureux que vous, je n'ai que, comme tant d'autres, combattu avec fureur nos oppresseurs ; mais vous avez fait plus, vous avez porté des soins généreux aux blessés que vous cherchiez avec des yeux de lynx. Je n'oublierai pas que vous vous trouvâtes près de moi, rue de la Paix, au moment critique où il s'agissait de réunir notre ardeur patriotique à celle de notre admirable Casimir Perrier, qui accourut se mêler parmi nous. Il peut dire : *J'ai parlé, et j'ai vaincu.*

L'histoire dira l'influence que son dévouement, joint au nôtre, exerça sur le moral des
soldats que le traître Raguse excitait au carnage. J'y étais, et par cette raison il ne m'est
pas permis de particulariser les faits.

BIBLIOTHÈQUE ROYALE

FIN.

IMPRIMERIE D'HIPPOLYTE TILLIARD, RUE DE LA HARPE, N° 88.

www.ingramcontent.com/pod-product-compliance
Lightning Source LLC
Chambersburg PA
CBHW061649050726
47598CB00004B/1513